BARIONIX

por Janet Riehecky
ilustraciones de Jim Conaway

THE CHILD'S WORLD

MANKATO, MN

*Con el más sincero agradecimiento a Bret S. Beall,
Coordinador de los Servicios de Conservación para
el Departamento de Geología, Museo de Historia
Natural, Chicago, Illinois, quien revisó este libro
para garantizar su exactitud.*

Library of Congress Cataloging-In-Publication Data
Riehecky, Janet, 1953-
[Baryonx. Spanish]
Barionix / por Janet Riehecky; ilustraciones de Jim Conaway.
p. cm.
ISBN 1-56766-132-7
1. Baryonyx--Juvenile literature.
[1. Baryonyx. 2. Dinosaurs. 3. Spanish language materials.]
I. Conaway, Jim, ill. II. Title.
QE862.S3R531818   1994
567.9'7-dc20   93-44254

BARIONIX

Cuando los dinosaurios habitaban la tierra, con
frecuencia sólo pensaban en una cosa: ¡COMIDA!

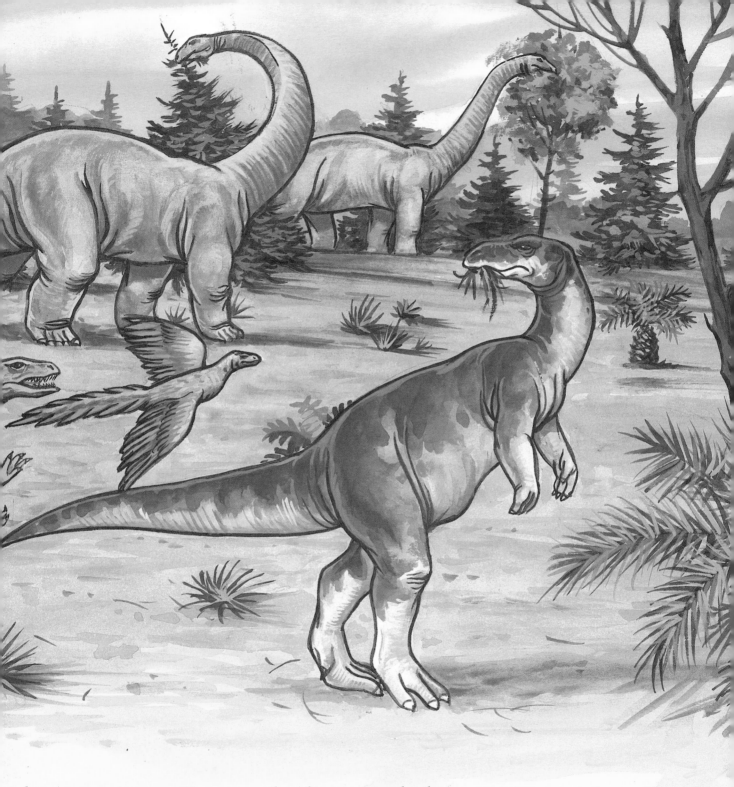

Tanto para los dinosaurios herbívoros como para
los carnívoros, la obtención de alimentos era una
actividad constante.

Algunos dinosaurios grandes se movían
pesadamente por el bosque, deshojando árboles.

Otros dinosaurios pequeños iban furtivamente a las zonas donde había nidos, y moviéndose con rapidez agarraban algunos huevos.

Había dinosaurios que disfrutaban una comida a
la carrera…

y otros que se conformaban con cualquier cosa que
encontraban.

Los científicos incluso han encontrado pruebas que demuestran que al menos un tipo de dinosaurio iba de pesca para conseguir alimento. Ese dinosaurio era el barionix.

Los científicos saben que el barionix era carnívoro porque tenía el tipo de dientes afilados y curvados que se necesitan para desgarrar carne. Pero en otros muchos aspectos, éste era distinto de los demás dinosaurios carnívoros.

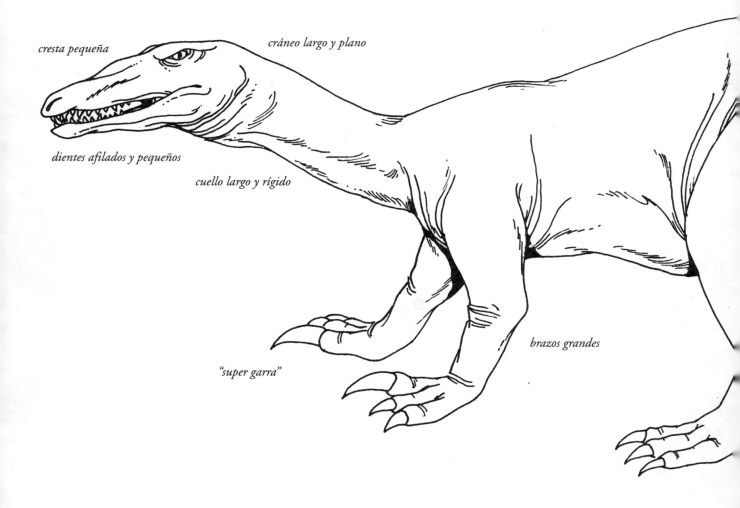

cresta pequeña

cráneo largo y plano

dientes afilados y pequeños

cuello largo y rígido

"super garra"

brazos grandes

La mayoría de los dinosaurios carnívoros tenían mandíbulas fuertes, cráneos pesados y dientes enormes para poder cortar piel dura y hueso. Pero las mandíbulas del barionix no eran tan fuertes, y tenía una cabeza larga y plana, como la de un cocodrilo. Sus

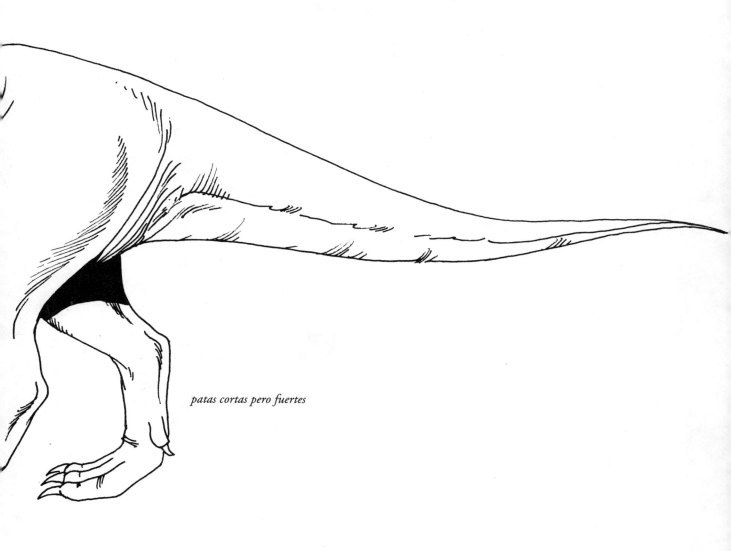

patas cortas pero fuertes

dientes eran mucho más pequeños que los de la
mayoría de los carnívoros, y tenía casi el doble de
dientes que éstos. El barionix no estaba diseñado para
atacar a otros dinosaurios. Estaba diseñado para pescar
peces.

A muchos animales les gusta el sabor de los peces, pero sólo un tipo de animal muy especial puede pescarlos. Los peces se mueven con mucha rapidez en el agua. Para atraparlos, es necesario ser más rápido que ellos. Los peces además son muy resbaladizos. Para sujetarlos hacen faltas garras o dientes especiales.

Entonces, ¿cómo podía atrapar peces el barionix? Los científicos han sugerido varias maneras.

Es posible que el barionix se colocara en el agua
cerca de la orilla en un lago poco profundo, esperando
con la misma paciencia que una garza. Cuando un pez
desatento pasaba cerca, el barionix lo atrapaba. Con la
boca alargada y sus numerosos dientes podría haber
atrapado a un pez veloz y haberlo sujetado bien
aunque el pez se agitara mucho.

También es posible que el barionix se comportara como un cocodrilo. Algunos científicos se lo imaginan flotando en el agua, observando a su alrededor atentamente. Si un pez pasaba cerca, el barionix lo sacaba del agua con su boca larga.

El barionix también podía haber pescado con sus
pies delanteros, utilizándolos como si fueran manos.
Tenía dedos largos y delgados que podía haber
empleado para agarrar peces.

Si al barionix no le apetecía agarrar a los peces, podía ir de pesca "con arpón". El nombre barionix quiere decir "garra pesada". Se le dio este nombre porque tenía una garra enorme, la garra de dinosaurio más grande que se ha encontrado jamás, pues ¡medía treinta centímetros! Ese tamaño es casi igual a tu brazo hasta el codo.

Los científicos se imaginan al barionix con una de esas "super garras" en cada pie delantero. Así que, cuando un pez pasaba, podía apuñalar rápidamente dentro del agua y atraparlo.

Los científicos saben que el barionix comía peces porque han encontrado escamas de pez en el estómago de uno de estos dinosaurios. Pero eso no fue todo lo que encontraron. También había unos pocos huesos de un dinosaurio herbívoro grande. ¿Cómo es posible que el barionix cazara dinosaurios herbívoros grandes, si él mismo no era un dinosaurio muy fuerte? Pues bien, muchos científicos piensan que el barionix dejaba que un carnívoro poderoso como el megalosaurio hiciera todo el trabajo.

Un carnívoro grande como el megalosaurio podía
matar fácilmente a la mayoría de los dinosaurios
herbívoros. Después de hacer esto, probablemente no
se comía todo el animal. El barionix entonces podía
pasar por allí y comerse los restos.

Por eso, la vida del barionix era como ir de
vacaciones, cuando vas de pesca y almuerzas gratis.

El mundo que habitaba el barionix era un mundo hermoso, que estaba lleno de muchos tipos distintos de plantas y animales. Había bosques enormes y frondosos, y el suelo estaba cubierto con una alfombra de helechos espesos. Durante parte del año el aire era cálido y húmedo. El resto del año, era cálido y seco. Había muchos ríos y lagos llenos de peces. El barionix vivía en las tierras bajas, cerca del agua, donde le resultaba fácil encontrar comida.

Los científicos no pueden decir mucho más sobre cómo vivía el barionix en su mundo. No saben si éste pasaba solo la mayor parte del tiempo o si vivía con otros en una manada o grupo. No saben si el barionix ponía huevos o si daba a luz a sus crías. Y tampoco saben si cuidaba de sus crías o las abandonaba a su suerte después de nacer.

Los científicos piensan que el barionix no se
preocupaba mucho de protegerse frente a los
carnívoros más grandes. Por un lado, era un
dinosaurio grande, que medía entre nueve y diez
metros de largo, y era casi el doble de alto que
una persona. Y por otro lado, aunque no era un
dinosaurio muy fuerte, su "super garra" era una
arma estupenda. Solamente un carnívoro muy
grande y muy hambriento se habría metido con
el barionix.

Los científicos han estado tratando de aprender
más sobre el barionix desde que se descubrió su
existencia en 1983. Este dinosaurio es interesante
porque es muy distinto de los demás dinosaurios
carnívoros. El descubrimiento reciente de la existencia
de éste y de otros dinosaurios ha contribuido a
cambiar algunas de las opiniones que los científicos
tenían en el pasado.

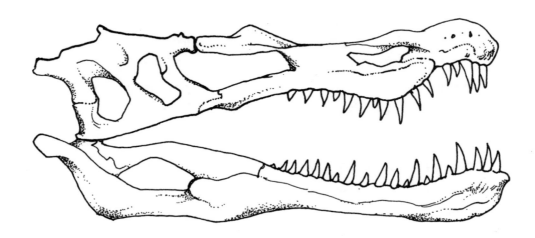

Los científicos solían comparar a los dinosaurios con los reptiles que viven en la actualidad, tales como los lagartos. Los lagartos son animales de sangre fría, que quiere decir que se calientan el cuerpo al sol. Una vez que han absorbido bastante calor, algunos pueden moverse activamente por poco tiempo. Pero tan pronto como se enfrían, tienen que ir más despacio.

Puesto que los dinosaurios eran reptiles, los
científicos se los imaginaban de la misma manera. Los
científicos pensaban que los dinosaurios podían
absorber bastante calor como para moverse con
rapidez por poco tiempo, pero la mayor parte del
tiempo eran animales lentos.

Algunos descubrimientos recientes sobre los dinosaurios han hecho que los científicos cambien de opinión. Muchos dinosaurios tenían patas fuertes y largas que parecían estar diseñadas para correr lejos y con rapidez. El barionix no tenía patas largas pero debía haber sido muy activo y rápido en sus movimientos para poder atrapar peces. Muchos científicos en la actualidad piensan que quizás sea mejor comparar a los dinosaurios con otros animales de sangre caliente, especialmente con los pájaros. Incluso han descubierto zonas de nidos que muestran que algunos dinosaurios anidaban y cuidaban a sus crías de la misma forma que lo hacen hoy día los pájaros.

El estudio de los dinosaurios es más interesante ahora que en el pasado. Y los descubrimientos recientes contribuyen a ampliar nuestra idea de cómo vivían los dinosaurios.

 **¡A divertirse con los dinosaurios!**

Los dinosaurios ¿eran animales de sangre fría o caliente? ¿Cuál es la diferencia? Como acabas de leer, a los científicos les importa mucho la diferencia. Si los dinosaurios tenían la sangre fría eso significaba que la temperatura de su cuerpo subía y bajaba con la temperatura de su entorno. Pero si tenían la sangre caliente, eso significaba que su temperatura corporal era la misma en un día caliente y en un día frío.

Los pájaros y los mamíferos son animales de sangre caliente. Los reptiles, anfibios y casi todos los peces son animales de sangre fría.

Haz un cartel que te ayude a recordar qué animales tienen sangre caliente y cuáles tienen sangre fría. Busca en revistas y periódicos fotografías de animales de cada uno de los 5 grupos mencionados anteriormente. Dibuja una línea de arriba abajo en la mitad del cartel. En la parte de arriba, escribe a un lado de la raya "Sangre fría" con un lápiz azul y al otro lado "Sangre caliente" con un lápiz rojo. Pega con pegamento o con cinta adhesiva la fotografía de cada uno de los animales en el lado que le corresponda.